Zwang, Zwänge, Zwängler...

Textsammlung aus
20 Jahren
Zweifelskrankheit

Inhaltsverzeichnis

Vorwort   6

Bin ich schuld?   9

Die Funktionalität des Zwangs   13

Zwänge sind wie „Fake News"   24

Nur wer die Wurzel kappt, kann
das Problem lösen...   42

Waschen, bis der Arzt kommt...   50

38/183 – Wenn die Zwänge den
Rückzug antreten...   57

Die Zwänge feiern Geburtstag...   69

Gratwanderung: Zwischen
Zwängen und Psychose...   78

Zwischen der Syntonie und
Dystonie des Ichs   85

Bibliografische Angaben   95

Vorwort

Liebe Leserinnen,
liebe Leser,

mittlerweile leide ich seit über 20 Jahren an einer Zwangserkrankung, die über solch einen Zeitraum Spuren in der Persönlichkeit hinterlässt und gleichsam immer wieder neu herauszufordern vermag: Denn während sich viele Betroffene strikt weigern, eine derartige Krankheit anzunehmen und ständig gegen sie ankämpfen, habe ich mittweile gelernt, die Zwänge in mein Leben zu integrieren, sie besser kennenzulernen und einschätzen zu können, aber sie auch in ihrer Bedeutung wahrzunehmen, damit man sich besser auf den nächsten Schub vorbereiten kann und das Störungsbild nicht gänzlich als sinnlos ansieht.

Die Auseinandersetzung mit einem psychischen Gebrechen ist erfahrungsgemäß besonders anstrengend, weil es einerseits so diametral gegen unsere Persönlichkeit steht.

Andererseits ist es weiterhin in der Außenwelt mit vielen Vorurteilen behaftet, aufgrund derer man sich ständig zu rechtfertigen versucht. Gleichsam lohnt sich aber die praktische Beschäftigung mit den Zwängen, denn man erfährt dabei nicht nur viel über sich selbst, sondern bekommt Hinweise über Ursachen und Beweggründe, die die Krankheit aufrechterhalten. Somit können wichtige Erkenntnisse gewonnen werden, die therapeutisch oder in der Selbsthilfe nutzbar sind, um die Erkrankung besser verstehen zu können und ihr somit im Alltag auf Augenhöhe zu begegnen.

In meinem vorliegenden Buch habe ich von mir verfasste Texte gesammelt, mithilfe derer ich in den vergangenen Jahren die Aufarbeitung meiner Zwangsstörung vorangetrieben habe. Sie sollen Betroffenen und Angehörigen eine Hilfestellung sein, indem sie fördern sollen, auch bei chronischem Verlauf der Zweifelskrankheit nicht zu verzagen, sondern sich der Herausforderung und Chance bewusst zu werden, ihr die Stirn bieten zu können.

Insofern hoffe ich, dass mein Werk Hoffnung und Zuversicht schenken möge, denn es dürfte authentisch sein, als Erkrankter von seinen Erlebnissen zu berichten und damit anderen Mut zu machen.

Daher freue ich mich auch, wenn Sie mir darüber berichten, wie es Ihnen mit meinem Büchlein ergangen ist.

Kommen Sie gern per Mail mit mir in Kontakt: Riehle@Riehle-Dennis.de.

Viel Freude bei der Lektüre!

Herzliche Grüße

Dennis Riehle

Bin ich schuld? (2011)

Zum Zeitpunkt, als ich mich das erste Mal zum Gespräch mit einem Kinder- und Jugendlichen-Psychotherapeuten durchgerungen hatte, waren gut zwei Jahre vergangen, in denen mich meine Zwänge schon fest in der Hand hatten. Mit 13 waren sie das erste Mal aufgetreten, beim völlig belanglosen Zählen von Laubblättern, Dachziegeln und Pflastersteinen.

Irgendwie glaubte jeder an einen „Tic", an eine pubertäre Erscheinung. Ich selbst hatte all dem eigentlich über lange Zeit gar keine Bedeutung beigemessen. Auch dann nicht, als das Waschen meiner Hände immer länger dauerte und ich immer seltener vom Wasserhahn loskam. Mühsam war es schon, stundenlang zu duschen – aber von Zwängen hatte weder ich, noch meine Familie je etwas mitbekommen. Und so ließ ich auch das immer stärker werdende Kontrollieren der Haustür, der Elektrogeräte oder der Fenster über mich ergehen.

Allemal blieb das anstrengend für mich, es raubte Zeit und ließ mich nicht mehr los. Doch der wirkliche Leidensdruck fehlte zu diesem Zeitpunkt noch. Das änderte sich allerdings mit dem Augenblick, als mir plötzlich immer öfter Schuldgefühle in den Kopf kamen. Unfälle in meiner Stadt, ein Einbruch im gleichen Ort oder ein Taschendieb im Bus – meine Zweifel waren groß, dass ich daran hätte beteiligt sein können. Das Empfinden, für alles und jeden verantwortlich zu sein, trieb mich in große Gewissenskonflikte. Das blieb auch meiner Umwelt nicht verschlossen. Unkonzentriert, nachdenklich und deprimiert soll ich gewirkt haben.

Vielleicht würde das alles wieder vergehen, wenn die "Wechseljahre der Jugend" vorüber sein würden, dachte nicht nur ich. Doch es brauchte dann ein Schlüsselereignis, das klarmachte: Ohne professionelle Hilfe geht es hier nicht weiter. Und dieses Erlebnis war eigentlich ein Geständnis gegenüber meiner Mutter:

Im Frühjahr 2000, kurz bevor ich 15 wurde, kam ich nach der Schule nach Hause. „Du, ich bin heute in der Fußgängerzone gegen einen Mann gerempelt – und danach einfach weitergelaufen.

Als ich mich umdrehte, war er nicht mehr zu sehen. Kann es sein, dass er jetzt irgendwo verletzt liegt? Dass er gestorben ist? Habe ich ihn umgebracht? Bin ich schuld?" – fragte ich sie und gab ganz offen Einblick in das, was sich in meinem Kopf abspielte.

Nicht nur ich selbst erschrak vor der neuen Qualität dieser aggressiven Gedanken – Zwangsgedanken, wie sich später herausstellte. Exakt drei Wochen später – denn da hatte meine Mutter mit meiner Zustimmung einen Termin vereinbart, beim Psychotherapeuten, war dieses unbekannte Wort dann aber ganz präsent.

Und schon nach einer Stunde stand fest: Zwänge – das erste Mal hatte ich nun davon gehört. Begriffen hatte ich es noch nicht.

Aber ich war froh, dass das alles nun einen Namen hatte – und ich wohl nicht der Einzige war, der sich mit solchen merkwürdigen Befürchtungen herumquälte...

Die Funktionalität des Zwangs (2010)

Einen Zweifel kann man der Zweifelskrankheit gegenüber sicher und getrost ausräumen:

Wer glaubt, eine Zwangsstörung sei nicht lästig, belastend oder störend, der wird spätestens bei der Begegnung mit einem Zwangserkrankten im Alltag rasch eines Besseren belehrt.

Stundenlanges Händewaschen, Dutzendfaches Kontrollieren, penetrantes Ordnen oder unentwegtes Grübeln – nicht nur von außen betrachtet fragt sich jeder, der an Zwängen erkrankt ist oder zu den Angehörigen eines Betroffenen gehört, wie unsinnig die stupide und monoton ablaufenden Handlungen oder Gedankengänge doch sind.

Verständlicherweise wollen die meisten Erkrankten daher auch nur Eines: die Zwangsstörung soll so bald wie möglich wieder verschwinden.

Und unter dem großen Leidensdruck, den Betroffene spüren und der oftmals einen geregelten Tagesablauf nicht mehr zulässt, haben sie auch wenig Chancen, sich mit den Hintergründen ihrer Zwangserkrankung reflektiert auseinander zu setzen – zumindest nicht in den Akutphasen.

In diagnostischen Fragebögen wird oftmals der Eindruck der Betroffenen erhoben, ob der Zwang als übertrieben wahrgenommen wird. Gleichzeitig wird gefragt, ob er dem Erkrankten als sinnlos vorkommt. Man will wohl an dieser Stelle rückfragen: Ist er nicht „zwangsläufig" sinnlos, wenn er übertrieben ist?

Eine provokative These sei in den Raum gestellt: Zwänge haben eine Funktion. Und sie haben auch einen Sinn, wenngleich dieser nicht sofort ersichtlich und für manch Erkrankten erst spät oder auch nie erfassbar wird. Entscheidend ist, dem Zwang trotz all seiner Bösartigkeit mit Neugier zu begegnen. Das schafft man meist nicht im ersten, zweiten oder dritten Jahr der Erkrankung.

Und auch kaum ohne entsprechende Ermutigung und Begleitung von Fachkräften oder vertrauten Bezugspersonen.

Eine Zwangsstörung erscheint wie andere psychische Erkrankungsbilder wie ein Warnsignal. Der Zwang macht aufmerksam auf Schiefstände im Alltag, die ganz unterschiedlicher Natur sein können. Gerade in den Anfängen des Krankheitsverlaufes besteht die Möglichkeit, auf diese Hinweise zu achten und darauf zu reagieren. Tatsächlich ist es jedoch ohne Frage schwer, die Botschaft eines Zwangs auch wirklich „übersetzen" und verstehen zu können.

Alle Psychotherapien haben als wesentlichen Bestandteil die Auseinandersetzung zwischen der eigenen Persönlichkeit und dem Störungsbild des Zwangs. Tiefenpsychologische und psychoanalytische Verfahren legen dabei vielleicht größeren Wert auf die Erkundung der individuellen Entstehungsgeschichte des Zwangs und der äußerlichen Faktoren, die ihn begünstigen.

Gleichzeitig liefert insbesondere die kognitive Verhaltenstherapie dann die Basis, aus den Erkenntnissen zu lernen und mit ihnen den Zwang wieder zu ver-lernen. Sowohl Zwangshandlungen als auch Zwangsgedanken weisen nicht nur inhaltlich, sondern auch über ihren Ablauf auf änderungswürdige Eigenschaften im persönlichen Alltag, Umwelt oder System hin. Ganz konkret können Zwangsstörungen unter anderem wohl auf folgende Ungleichgewichte hinweisen:

Stress: Nicht umsonst wird die Zwangserkrankung in den Belastungsstörungen einklassifiziert.

Viele Betroffene spüren einen mittelbaren oder unmittelbaren Zusammenhang zwischen erhöhtem Druck durch Arbeit, aber auch Arbeitslosigkeit, Streitigkeiten, Verlustängste und andere fordernde Zustände. Gerade in Ruhephasen scheint der Zwang dann den Augenblick zu nutzen, um vermehrt aufzutreten.

Die Zwangsstörung ist damit durchaus ein überaus heftiger und ungerechter Anstoß, der aus der Stressfalle aufrütteln will. Sie regt an, sich mit Belastungen und Druck konstruktiv auseinander zu setzen und durch konsequente Übung Reduktion der Stressoren herbeizuführen.

Freiheitsverlust und Unselbstständigkeit: Viele Betroffene einer Zwangsstörung weisen in ihren Lebensläufen eine große Gemeinsamkeit auf: Viele Erkrankte waren oder sind über lange Zeit unselbstständig gewesen.

Häufig zeigt sich dies schon in der Kindheit, wenn Eltern in bestem Wissen eine stark zentrierte Behütung in den Mittelpunkt der Erziehung stellen.

Angst und Sorge um das Wohlergehen des Kindes wirken sich somit auch bis hin zu einer späten Abkapselung aus, die eine Eigenverantwortung des Jugendlichen nur langsam zulässt.

Das Meistern von Hürden und Herausforderungen wird nur schleppend erlernt oder von den Eltern gänzlich übernommen. Das Gefühl, für sich selbst zuständig zu sein, wird möglicherweise unterdrückt und unbewusst als eventueller Freiheitsverlust erlebt, der sich bis ins Erwachsenenalter, bis in Studium, Ausbildung oder Beruf fortsetzt. Auf eigenen Beinen zu stehen – diese Botschaft drückt der Zwang unmissverständlich mit dem Abbild des Gefangenseins in der eigenen Hilflosigkeit des Betroffenen aus.

Emotionsstarre: Nicht selten wird Zwangserkrankten eine gewisse Gefühllosigkeit nachgesagt. Wenngleich die Betroffenen oftmals unter massiven, aber unnötigen Schuldzuweisungen leiden, eine hohe Sensibilität im Denken und Fühlen zeigen und meist auch in emotionalen Momenten eine große Schwingungsfähigkeit zeigen, sind sie in der Beschreibung ihres eigenen Lebens oder in der unmittelbaren Anteilnahme eher karg.

Geprägt von Stetigkeit und Monotonie ist das Farbenspektrum der Gefühlsebene oftmals nur mittelmäßig ausgebildet.

Der Zwang deckelt durch seine Symptomatik weitere Emotionen, wodurch ein Herantasten an die spürbar brach liegenden Gefühle erschwert wird.

Doch auch hier ist die Funktionalität eindeutig: Der Zwang macht auf eine undankbare Art und Weise Gefühlsdefizite von Betroffenen sichtbar.

Ablenkung von inneren Konflikten:
Zwangserkrankte entwickeln nicht selten eine eigene Welt aus Schemata und Abläufen.

Die Beschäftigung mit Zwangshandlungen und –gedanken, und sei sie objektiv noch so ungewollt, zentriert die Aufmerksamkeit der Erkrankten auf festgelegte Prozesse, die eine Konfrontation mit möglichen inneren Konflikten aus Vergangenheit und Gegenwart umgehen.

Nicht aufgearbeitete Erlebnisse oder nicht abgeschlossene Probleme bergen häufig große Anstrengung in sich, sollten sie aufbrechen oder beachtet werden.

Zwänge lenken durch ihre Regelhaftigkeit in plagender, aber doch auch schützender Ausprägung von Themen ab, vor denen wir uns zieren.

Wenn man es als Aufgabe beschreiben will, so ist der Zwang einerseits dafür zuständig, noch unverheilte Wunden abzudecken – gleichzeitig aber auch immer wieder daran zu erinnern, dass eine Behandlung dergleichen irgendwann nötig wird.

Sicherheitsverlangen: Viele Betroffene einer Zwangsstörung bilden mit der Zeit eine Verlässlichkeit auf ihre Gedanken und Handlungen aus.

Die Symptomatik ist fester und unverrückbarer Bestandteil des Alltags, auf den der Erkrankte setzen kann.

Betroffene fühlen sich daher auch in ihrer gewohnten Umgebung oftmals am wohlsten, haben sie dort doch alle wichtigen Bezugspunkte und –personen, die nicht nur eine gewisse Sicherheit und Stabilität gewährleisten, sondern leider auch die Aufrechterhaltung des Zwangs begünstigen. Das Verlangen nach Kontrolle und das Reduzieren möglicher Überraschungen oder unerwartet eintretender Situationen ist ausdrücklicher Wunsch vieler Betroffener. Der Zwang spielt damit aber auch auf die Einseitigkeit und geringe Flexibilität der Erkrankten an. Will man überspitzt formulieren, fordert er zu mehr Wagnis und „Trau dich!" auf.

Bindungsschwäche: Innerhalb der bekannten und eingefahrenen Systeme sind Zwangserkrankte durchaus in der Lage, Bindungen und zwischenmenschliche Beziehungen zu pflegen. Gerade für Personen, die nicht in die Symptomatik involviert sind, gilt dies im Besonderen. Gleichzeitig sind Betroffene aber auch auf enge Bezugspersonen angewiesen.

In der dauernden Spannung zwischen Unabkömmlichkeit von Beziehungen und der mangelnden Ausprägung an beständiger Bindungsfähigkeit, die durch die Handlungen und Gedanken zusätzlich negativ beeinflusst wird, ist dem Erkrankten kaum eine entschlossene Abwägung zwischen Bindung und Abstand zuzumuten.

Die häufig Ich-dominierende und narzisstisch geprägte Persönlichkeitsstruktur Zwangserkrankter lässt zudem Beziehungen nur schwerlich in einem notwendigen Mittelmaß an Gleichberechtigung gedeihen. Die Ausgangslage erweist sich daher für Betroffene als besonders schwierig.

Der Zwang ermuntert daher nahezu reizvoll auch zu größerer Gelassenheit, nicht nur in Bezug auf das wichtig Nehmen der eigenen Person.

Konfliktenthaltung: Zwänge helfen nicht nur, innere Konflikte zu überdecken. Sie fungieren auch als Mantel, der vor weiteren Verletzungen abschirmt.

Zwangserkrankte scheinen nur dann aus der Bahn zu bringen zu sein, wenn Außenstehende in ihr Konzept der klar geregelten Rhythmen eingreifen. Gerade Angehörige, die sich über die richtige Form des Helfens unsicher sind, gelangen so rasch in Konflikte mit dem Betroffenen, weil sie Grenzen überschritten haben, die lediglich der Erkrankte selbst als für ihn erkennbare definiert. In solchen Momenten scheuen sich auch die Betroffenen nicht vor Konfrontationen. Gleichzeitig lassen die Zwänge die Erkrankten gegenüber Konflikten von außen steril und unnahbar wirken. So ermöglichen die Zwänge auch eine Enthaltung und einen Vorwand der Betroffenen bei Auseinandersetzungen und werden damit ihrem sicher langfristig in Frage zu stellenden Schutzfaktor gerecht. Zudem verhindern die Zwänge damit aber auch eine gesunde Dialogbereitschaft und hemmen die Kritikfähigkeit der Betroffenen, die auf geringste Anfeindungen introvertierter oder vehementer reagieren als Andere.

Zwar wird der Umgang mit den Erkrankten dadurch eher schwieriger, der Zwang fordert aber auch hier Betroffene wie Angehörige zum Trainieren normaler Konfliktfähigkeit auf.

Soziale Interaktionssperre: Betroffene von Zwängen kennen nicht nur durch Scham oder ständige Ausreden das Problem, Zugang zum sozialen Umfeld zu finden. Zwanghafte Persönlichkeitsstrukturen sind auch dafür verantwortlich, dass soziale Interaktionen von Unsicherheit, Schüchternheit oder den andauernden Handlungen und Gedanken blockiert werden.

Der Rückzug in die eigenen Systeme und Realitäten des Zwangs, aber auch die durch emotionale Verluste eingeschränkte soziale Kompetenz sind ebenso wie eine Hypersensibilität mit dafür verantwortlich, dass es in der Kommunikation und im Verhalten gegenüber Angehörigen und Außenstehenden zu baldigen Missverständnissen kommt.

Viele Betroffene reagieren mit einer Art von Sperre in den entsprechenden Situationen. Auch hier ist der Zwang Wegweiser: Er setzt darauf, dem Erkrankten größere Nüchternheit für einen entkrampften sozialen Handlungsspielraum „aufzuzwingen".

Mangel an Selbstvertrauen:
Zwangserkrankungen sind ohne den Zweifel des Betroffenen nicht denkbar. Jedes Waschen oder Kontrollieren würde entfallen, wenn der Erkrankte nicht im letzten Moment doch wieder damit hadert, ob jede Bakterie abgetötet oder die Türverriegelung wirklich dicht ist.

Der Zweifel an der eigenen Wahrnehmung, an der Selbstkontrolle und am Vertrauen in Denken und Handeln offenbaren auch das von vielen Betroffenen selbst als niedrig eingeschätzte Selbstbewusstsein. Die Überzeugung, sich nicht misstrauen zu müssen, geht im Laufe der Zwangsstörung fortschreitend verloren. Durch jeden neuen Zwang wird sie weiter gedämpft.

Auch wenn die Erkrankung dadurch den Charakter einer zerstören wollenden Macht entwickelt, nutzt sie funktional eine Lücke im Selbstvertrauen aus, zu der der Betroffene aufgefordert ist, sie nach Stabilisierung wieder aufzufüllen.

Perfektionismus, Regeln und Strukturen: Geprägt von stringenten und perfekt organisierten Strukturen, andererseits durch die Zwangssymptomatik in der Bewältigung des regulären Alltags behindert, sind Betroffene von akkuratem Handeln und Denken gezeichnet, welches hin bis zur Penetranz reicht.

Abweichungen und Unregelmäßigkeiten in den durchgeplanten und fixierten Abläufen bringen nicht nur die Ordnung, die sich der Betroffene geschaffen hat, durcheinander, sondern auch neuen Stress und Anspannung bis hin zu erhöhter Emotionalität. Dies zeigt deutlich die Abhängigkeit des Zwangserkrankten von den festen Strukturen.

Die Symptomatik unterstreicht diese einerseits, zeigt aber auch die Möglichkeiten auf, aus ihnen auszubrechen. Der Zwang provoziert an dieser Stelle wie so oft den Widerstand des Betroffenen, um ihm klar aufzuzeigen, in welchen eingefahrenen Regeln er lebt – und wie sich eine Befreiung daraus lohnen kann.

Entscheidungsentzug: Zwangserkrankte entscheiden selbst über wichtigste Dinge nicht heute, sondern frühestens dann, wenn die Situation nichts Anderes mehr zulässt. Die Fähigkeit, zeitnah und mit Rigorosität und Überzeugung zu Entscheidungen zu kommen, liegt einer zwanghaften Persönlichkeit fern. Auch die Symptomatik trägt nicht unbedingt dazu bei, dieses Verhalten zu ändern – lenkt sie doch die Konzentration auf Handlungen und Gedanken, aber nicht auf das Wesentliche, worüber der Betroffene eigentlich zu befinden hätte. Häufig führt diese Entwicklung hin bis zu schmerzlichen Erfahrungen durch verpasste Chancen.

Ein Zwang wirkt häufig funktional auch relativ einschneidend. Wer immer und immer wieder seine Entscheidungen aufschiebt, verliert nicht nur den Überblick, sondern auch die Kompetenz, überhaupt noch klaren Kopfes zu einem Ergebnis zu kommen.

Zwangserkrankten wird durch ihre Symptomatik somit immenser Druck entgegengebracht, die eigene Entscheidungsfähigkeit zu erhöhen.

Bei weitem sind das nicht alle möglichen Funktionalitäten, die eine Zwangsstörung in sich tragen kann. Und doch geben Sie eine Tendenz an, sich ihren Bedeutungen zu nähern.

Zwänge können damit Ausdruck von Defiziten sein, die aus verschiedensten Situationen entstanden sind. Damit es zur Ausbildung eines Zwangs kommt, sind selbstverständlich weitere Faktoren notwendig.

Neben dem Faktor Vererbung von Anlagen zu psychischer Instabilität können biochemische Prozessstörungen im Hormonhaushalt des Gehirns und des Organismus einwirken, aber auch frühkindliche und Entwicklungsprobleme, die beispielsweise in der Erziehung oder den sozialen Interaktionen aufgetreten sind. Nicht selten können auch traumatische Erlebnisse den Anfang einer Zwangsstörung setzen.

Schlussendlich lässt der Zwang den Betroffenen aber eben nicht völlig im Dunkeln. Tatsächlich ist für den Erkrankten die Ohnmacht gegenüber seiner Symptomatik überwiegend. Und dennoch können gerade die strukturellen Muster einer Zwangsstörung auf wesentliche Ansatzpunkte hinweisen, die bei Veränderung dem Zwang die eigentliche Existenzgrundlage entziehen würden. Damit bekommt der Zwang bei allem Unverständnis, welches wir ihm rational entgegenbringen müssen, auch eine Sinnhaftigkeit.

Er weist uns direkt und auf ziemlich gnadenlose Art und Weise auf Schwächen hin, die es sich zu berücksichtigen lohnt.

Selbstverständlich können wir das, was an körperlichen, psychiatrischen oder neurologischen Ursachen zur Zwangserkrankung beiträgt, nicht durch eine Selbstanalyse und das Hören auf die Zeichen des Zwangs in den Griff bekommen.
Aber das Ernstnehmen der Aussagen, die die Zwangserkrankung uns verschlüsselt liefert, trägt maßgeblich zu einem anderen Umgang mit dem Störungsbild bei.

Und es bietet die Chance, uns selbst zu verändern, an den Stellen, die uns vielleicht nie wirklich bewusst waren.

Auch durch eine gewisse Funktion oder Sinn des Zwangs sind wir nicht ermutigt, die Krankheit zu akzeptieren.

Doch die Annahme des gegenwärtigen Moments fällt mit einem Blick darauf vielleicht etwas leichter.

Zwänge sind damit in mehrfacher Hinsicht herausfordernd: Sie zwingen uns übertriebene Handlungen und Denkweisen auf, von denen wir nicht ablassen können. Sie sind aber zudem eine Aufforderung, die Gelegenheit für eine Eigenreflexion zu ergreifen.

Gleichzeitig ist jeder Zwang ein Schutz. In verschiedenen Lebenssituationen sind wir darauf angewiesen, zunächst Abstand von Belastendem und Unangenehmem zu nehmen. Sich mit sich selbst auseinander zu setzen, birgt neben großen Perspektiven eben auch Risiken.

Die Zwangserkrankung fordert daher in besonderem Maße heraus: Wird sie und ihre Symptomatik rechtzeitig erkannt, ist die Hoffnung berechtigt, dass sich mögliche Persönlichkeitsmerkmale nicht weiter manifestieren und den Ausbruch der Störung begleitende Auslösefaktoren zu keiner tiefgreifenden Veränderung oder einem langsamen Annehmen (Erlernen) von zwanghaften Verhaltensmustern beitragen.

Gleichzeitig ist in jeder Zwangserkrankung, die zu chronifizieren droht, eine sinnhafte Funktionalität zu erkennen, welche es ermöglicht, durch intensive Selbstreflexion nicht nur einem Voranschreiten der Symptomatik entgegen zu treten, sondern die Signale und Botschaften der Zwänge in einem Atemzug auch für eine umfassende Arbeit an individuellen und eingebetteten Strukturen zu nutzen, die nebenbei auch das erleichternde Gefühl eines größeren Freiheitsempfindens mit sich bringen kann.

Zwänge sind wie „Fake News" (2020)

Immer wieder werde ich von Außenstehenden gefragt, wie es sich eigentlich mit Zwangsgedanken lebt. Klar, Zwangshandlungen sind einem gesunden Mitmenschen deutlich leichter näherzubringen als ein reines Geschehen innerhalb des Gehirns. Kürzlich fand ich dann aber ein treffendes Beispiel: Als wieder einmal über den US-amerikanischen Präsidenten Donald Trump berichtet wurde, fiel das Stichwort der „Fake News". In Zeiten der sozialen Medien verbreiten sich Schlagzeilen und Berichte in Windeseile – und dem einfachen Bürger bleibt kaum noch Zeit, in aller Ruhe zu prüfen, ob es sich bei manch einer skurrilen Geschichte tatsächlich um die Wahrheit handelt – oder ob uns jemand einen Bären aufbinden will. Es wird immer schwieriger, seriöse Medien zu finden, denen wir glauben können. Und einem Zwangserkrankten, der vornehmlich unter Zwangsgedanken leidet, ergeht es mit dem, was sich in seinem Kopf abspielt, völlig ähnlich.

Da gaukelt uns der Zwang etwas vor, was auf den ersten Blick für uns großen Schrecken und Angst auslösen mag. Prüfen wir die Geschichte, die uns suggeriert wird, dann aber genauer, so kommen wir nicht selten zu dem Schluss: Der Zwang verkauft uns Falschmeldungen.

Ich bin seit rund 15 Jahre mit aggressiven und sexuellen Zwangsgedanken konfrontiert. Nicht selten wollen sie mir gruselige Vorstellungen einreden: Ich fürchte mich davor, jemandem etwas antun zu können – und weiß andererseits, dass ich wohl zu den friedlichsten Menschen überhaupt gehöre.

Deshalb ist dieser Gedankenfilm, den mir die Zwangsstörung einbläut, vor allem im ersten Augenblick auch so furchtbar verstörend und löst wahre Panik in mir aus. Denn der Zweifel ist omnipräsent: Könnte an dem, was mir mein Kino im Kopf vorspielt, vielleicht etwas Wahres dran sein? Auch beim Lesen von „Fake News" geraten wir in diese Falle:

Falsche Tatsachen werden uns derart authentisch dargebracht, dass wir im ersten Moment kaum unterscheiden können, ob es sich um Wahrhaftigkeit oder Lüge handelt. Immer und immer wieder kommen die Gedanken in unsere Wahrnehmung zurück, sie lassen uns keine Ruhe, sie terrorisieren uns, bis wir letztlich davon überzeugt sind, sie könnten tatsächlich echt sein.

Doch die Bilder, die Szenarien und die Befürchtungen, die Zwangsgedanken in uns auslösen, sind nur deshalb so stark, weil wir in uns selbst oftmals das Vertrauen verloren haben und unsicher werden, unserer eigenen Aufmerksamkeit zu glauben.

In solchen Situationen hilft uns meist nur noch die kognitive Verhaltenstherapie, die auch für mich den größtmöglichen Effekt und die beste Linderung brachte. Denn wer erst einmal auf den Trichter gekommen ist, „Fake News" nur ein Fünkchen an Objektivität zuzuschreiben, der kann meist nicht mehr zwischen „gut" und „böse" unterscheiden.

Dann braucht es einen Unabhängigen, der auf dem Boden der Tatsachen geerdet ist und die Spreu vom Weizen trennen kann.

Ja, auch in unserer schnelllebigen Welt ist es schwierig geworden, diejenigen Medien zu finden, die sich von sozialen Netzwerken und kruden Plattformen von Verschwörungstheoretikern abheben und ihre Nachrichten mit Fakten belegen können.

Genauso ergeht es leider auch vielen Zwangserkrankten, die nicht selten Schwierigkeiten haben, den passenden Ansprechpartner für die eigene Erkrankung zu finden.

Noch immer sind viele Psychotherapeuten über Monate hinweg ausgelastet – und das Glück, eine auf Zwangsgedanken spezialisierte Fachperson zu finden, wird vielen Betroffenen nicht zuteil. Stattdessen müssen sie sich oft über Jahre hinweg quälen, bis ihnen geholfen wird.

Denn das Eingestehen, an einer Krankheit zu leiden, die an sich gute Chancen auf Besserung der Symptomatik hat, braucht ermutigendes Zureden – und vor allem Geduld.

Wenn wir erst einmal zu der Erkenntnis gelangt sind, dass sich in unserem Gehirn etwas abspielt, was mit der Realität recht wenig zu tun hat, beginnt der Prozess des Distanzierens.

Er ist unumgänglich, denn erst mit der Einsicht, dass Zwänge uns etwas vorgaukeln, können wir neues Zutrauen in uns selbst erwerben.

Die Abgrenzung der Zwangserkrankung als etwas, das uns schaden, das uns durcheinanderbringen und uns aus der Bahn werfen möchte, ist nach meinem Dafürhalten entscheidend, um die zwanghaften Gedanken durch sinnvolle, sinnstiftende und persönlichkeitsbildende Überlegungen ersetzen zu können.

Es ist notwendig, dass wir uns von der vordergründigen Tatsächlichkeit eines Zwangsgedanken separieren, indem wir durch das Spiegeln rationaler Argumente den Weg zurück in realistisches Denken finden. Ich bin überzeugt, dass Zwangsgedanken durchaus ihren Sinn und Ursache haben.

Wie „Fake News" Ausdruck großer Empörung über die Obrigkeit sind und sich Wutbürger anhand manipulativen Herausposaunens von Unwahrheiten Aufmerksamkeit verschaffen wollen, so sollen auch die zwanghaften Gedanken den Fokus auf Wunden unserer Psyche legen.

Denn Zwänge sind nach meinem festen Dafürhalten nicht nur ein Ausdruck von erlernter Gepflogenheit, sondern Projektionsfläche der Vergangenheit.

Wer von seinen Zwangsgedanken wegkommen möchte, der muss also nicht nur üben, die Habitualisierung[1] wieder abzutrainieren.

Vielmehr geht es darum, mögliche Szenarien ihrer Entstehung zu überprüfen. Immerhin liegt der Grund für ein Krankheitsbild der Seele allzu oft in Traumata, in falschen Assoziationen[2] zwischen erlernten Regeln und Emotionen, in ungünstigen Prägungen der Persönlichkeit aus Erziehung und des Erwachsenwerdens. Auch in Erfahrungen des Unterdrücktseins und ausbleibenden Chancen zur Entwicklung deiner eigenen Freiheitsliebe, in psychosozialen Schicksalsschlägen oder im Erleben anankastischer[3] Verhaltensweisen durch familiäres oder gesellschaftliches Vorleben einengender Konventionen[4] besteht die Tendenz, psychisch zu erkranken.

Wenn „Fake News" unseren Kopf belagern, dann sind wir der Meinung von Dritten ausgesetzt, deren Richtigkeit, Konsistenz und Originalität wir stets überprüfen sollten.

Genauso ergeht es uns mit Zwangsgedanken, die lediglich ein falsches Abbild des Ist-Zustandes liefern.

In Selbsthilfegruppen habe ich gelernt, wie wir es gemeinsam schaffen, uns selbst wieder zu erden. Dafür braucht es einen klaren Blick des Anderen, der uns reflektiert, wo unser verzerrtes Denken zu einer vorwurfsvollen Endlosschleife wird und unsere Lebensqualität ernsthaft schmälert. So, wie wir gegen „Fake News" gesamtgesellschaftlich unsere Abrede erheben, muss auch der Zwangserkrankte seinem unsichtbaren Feind begegnen. Das Entlarven unserer Gedanken als Ausdruck eines krankhaften Geschehens entlastet uns massiv. Denn wenn wir es schaffen, dem Zwang die Tatsächlichkeit gegenüberzustellen, verliert er sofort seine Funktion. Wir müssen auf Spurensuche gehen, wenn wir den Auslöser der Falschnachrichten in unserem Schädel finden wollen. Dazu ist eine strikte Auseinandersetzung mit uns selbst nötig, denn erst durch das Erstarken von neuem Eigenbewusstsein haben wir die Möglichkeit, den Unruhe stiftenden Kreislauf an irreführenden Überzeugungen in seiner Widersprüchlichkeit zu enttarnen.

Rückbesinnung auf unser Selbstwertgefühl ist die Ausgangslage für das Umlenken ängstigender Impulse in unserem Kopf. Ich habe Zeit gebraucht, um mich und meine Eigenheiten anzunehmen. Dazu gehört ausdrücklich nicht der Zwang, den ich mittlerweile zwar als Bestandteil meines Daseins toleriere, aber nie als ein Stück von mir akzeptieren werde.

Denn „Fake News" gehören weder auf „Facebook" oder „Instagram", noch in unsere Psyche. Sie zerstören Selbstwert und Vertrauen. Streiten wir deshalb für Objektivität, in unserer Demokratie – und in unserer Psyche…

[1] Habitualisierung – etwas zur Gewohnheit machen
[2] Assoziation – Verknüpfung
[3] anankastisch – zwanghaft
[4] Konvention – Verhaltensnorm

Nur wer die Wurzel kappt, löst das Problem… (2021)

Was hält den Zwang am Leben?

Viele Betroffene, bei denen sich die Zwangsstörung chronifiziert hat, stellen sich diese Frage.

Denn oftmals geben die Zweifel trotz hinreichender Medikation und einer intensiven Psychotherapie keine Ruhe.

Scheinen sie einmal besiegt zu sein, kommen sie nicht selten nach einiger Zeit zurück.

Natürlich wären sie keine Zwänge, würden sie es aufgeben, unseren Kopf zu drangsalieren.

Dennoch bewegt mich die Überlegung, welcher Misthaufen in unserer Seele vor sich hin brodelt und es verhindert, dass unsere Psyche sich einmal entspannen kann.

Die unterschiedlichen Erklärungsansätze aus der Verhaltenstherapie befriedigen mich nur bedingt.

Immerhin liefert beispielsweise das Gedankenmodell der Konditionierung, wonach sich ein neutraler Reiz mit einem angstauslösenden Ereignis zu einem negativ konnotierten Gedanken verbindet und in der Folge durch den Betroffenen immer wieder zu neutralisieren versucht wird, nur unzulängliche Aussagen darüber, warum bestimmte Menschen für diesen Prozess anfällig sind und er bei ihnen operant bleibt.

Auch die lerntheoretischen Begründungen, die davon ausgehen wollen, dass Zwänge auf behavioralem Verhalten fußen – sodass Menschen vom Seelenleben losgelöst eine Automatisierung erleben, welche sich in der furchtsamen Bewertung von objektiv normalen Impulsen zeigt –, scheinen mir ungenügend zu sein. Zwar erklären sie die Entstehung dieses Handlungsmusters durch verschiedene Auslösefaktoren wie dysfunktionale oder moralische Glaubenssätze.

Dennoch bleibt auch hier die Möglichkeit, wonach es für die Fortdauer einer Zwangserkrankung eine Wurzel gibt, letztlich vollkommen unbeachtet.

Insofern erachte ich auch die rein auf Konfrontation ausgerichtete Psychotherapie, die das Reaktionsmanagement des Betroffenen regulieren soll, ebenso wie das Habituationstraining, welche lediglich symptomorientiert auf einen Gewöhnungseffekt abzielt, als nicht ausreichend genug, um die Komplexität der Erkrankung zu erfassen.

Wer mich kennt, weiß um meine besondere Beziehung zur psychodynamischen Sichtweise. Ich befürworte diese psychotherapeutische Schule auch deshalb, weil ich der festen Überzeugung bin, dass nicht allein biochemische Zuschreibungen genügen, um den Erhalt von Zwängen zu rechtfertigen. Es gibt Hinweise darauf, dass neurotische Störungsbilder nur deshalb aufrechterhalten bleiben, weil sie durch verschiedene Stressoren befeuert werden. Und letztlich zeigen sich bei Betroffenen unter genauerem Hinsehen zahlreiche Konflikte im Unterbewusstsein, die unverarbeitet ein Stillleben führen, das die Entstehung und Verfestigung psychischer Krankheiten katalysiert.

Denn solange in uns eine Glut glimmt, genügt der Hauch eines hektischen Alltags, um neue Flammen zu entfachen. Seelische Erkrankungen nehmen die Funktion ein, uns auf diese vergessen geglaubten Verwundungen in unserem Inneren hinzuweisen und uns aufzufordern, an ihrer Heilung zu arbeiten. Für viele Menschen ist dies ein unangenehmer Gedanke, denn wie oft möchten wir uns vor Vergangenem säumen und lehnen es ab, in der eigenen Biografie zu graben. Auch gegenwärtige Probleme schieben wir gern beiseite – nicht nur deshalb, weil es heutzutage kaum mehr in das Gesellschaftsbild passt, verletzlich zu sein. Die Befassung mit früheren oder aktuellen Belastungen nimmt uns Zeit und strengt uns an, weshalb wir sie lieber unterdrücken. Gerade in einer Epoche des Perfektionismus passt es nicht, Schwächen zuzugeben. Trotzdem – und gerade deshalb – lohnt es sich, einige Kraft im Hier und Jetzt aufzuwenden, um den Widerstreit in unserer Seele anzusehen, statt mit ihm in ständiger Verborgenheit durch das Leben zu wandeln und wiederkehrend von Zwängen heimgesucht zu werden.

Doch was können nun diese zugeschütteten Auseinandersetzungen in uns sein, die wir nur dann lösen können, wenn wir uns an die Wurzel wagen und sie kappen? Zwanghaftes Verhalten und Denken ist ein sinnbildlicher Ausdruck für Unfreiheit. Daher sind oftmals Einengungen und Abhängigkeiten im Alltagsleben eine mögliche Ursache für das Weiterbestehen der Erkrankung.

Neben rigiden Normenvorgaben in der Erziehung können auch derzeitige Angewiesenheiten in Frage kommen: Ob das Dasein im Zwang von Sozialleistungen, in familiären Banden, im unzufriedenen Beschäftigungsverhältnis oder im ungelebten Lebenstraum – unser Liberalismus wird immer häufiger von Unmündigkeit beschnitten.

Sich aus der Knechtschaft von Obsessionen zu entsagen, kann für viele Betroffene nicht nur einen Zugewinn von existenzieller Qualität bedeuten. Auch die Wahrscheinlichkeit, wonach sich das Krankheitsbild rückbildet, stehen dann recht gut.

Nahezu bei jedem Betroffenen sind Zwänge auch ein Ausdruck vernachlässigter oder nicht wahrgenommener Emotionen. In uns schlummern jederzeit gegenläufige Gefühlsströmungen, die im schlechtesten Fall unbemerkt unter der Oberfläche ihre Kämpfe austragen.

Dass Erkrankte der Zwangsstörung oft Schwierigkeiten damit haben, Aggressionen zu zeigen oder auch Empathie zu äußern, dürfte hinlänglich bekannt sein. Daher ist es wichtig, die affektive Schwingungsfähigkeit zu praktizieren. Denn nur ausgelebte Empfindungen wirken befreiend und entlastend.

Und nicht zuletzt finden sich bei vielen Erkrankten Persönlichkeitsstrukturen als antreibender Motor für die Zwänge. Häufig sind es antiquierte Wertegerüste, welche schon in Kindheit aufoktroyiert wurden und seitdem nicht mehr hinterfragt worden sind, die einen Verhaltenskodex konservieren, welcher unbedingt in der Lage ist, in den Gesang der Erkrankung einzustimmen und sie lebendig zu halten.

Zusammenfassend wird deutlich: Damit eine Zwangserkrankung aktiv bleiben kann, braucht sie Nahrung.

Gerade, wenn wir uns darauf fokussieren, allein die äußerlich sichtbaren Zeichen der Störung zu verarzten, wabert es in unseren Tiefen weiter.

Aus eigener Erfahrung weiß ich, wie anspruchsvoll es ist und welche Überwindung es braucht, sich den verdeckten Abläufen unserer Seele zu stellen. Doch ich kann auch berichten, dass sich die Mühen durchaus auszahlen:

Ich bin der Meinung, dass sich meine Zwänge mittlerweile vor allem deshalb stabilisiert haben, weil ich mein Wesen aufgeräumt habe.

Insofern ermutige ich Mitpatienten, sich der Strapaze einer intensiven Aufbereitung von möglichen Beweggründen zu öffnen und damit letztlich den Weg zu ebnen, um nachhaltige Besserung der Symptomatik zu erzielen.

Denn wer schon einmal längere Zeit unter den Kräfte zehrenden Zwängen gelitten hat, wird anerkennen können, dass ein großer Input nötig und angemessen ist, um schlussendlich zu einem gewinnbringenden Outcome zu kommen.

Waschen, bis der Arzt kommt… (2018)

Es war ein dunkler Herbstmorgen vor über 20 Jahren. Auf den Bus zur Schule wartend, las ich in der Zeitung, steckte diese aber kurzerhand in meine Tasche und blickte mich stattdessen um. Nebelschwaden zogen vorbei, um mich herum lag das Laub der Bäume. Was tun in einer solch ruhigen Stimmung in der Früh, fragte ich mich wohl, als in mir der Gedanke aufkam, die Blätter auf dem Boden zu zählen. Es war der Beginn einer Zwangskarriere, die so unspektakulär ihren Anfang nahm: Ein paar Dutzend Laubblätter hatte ich gezählt, als mein Bus eintraf. Die Zahl blieb mir bis am Folgetag im Gedächtnis. Und die Neugier packte mich, auch am nächsten Morgen herauszufinden, wie viele Blätter auf dem Boden lagen. Eine ziemlich langweilige Angelegenheit, mag man meinen. Doch das Zählen von Laub, von Pflastersteinen, Autos, Dachziegeln und Menschen – es wurde zu einer Art „Sport" für mich, über Monate hinweg, jeden Tag das gleiche Prozedere.

Mit 12 Jahren erging es mir so – und erst deutlich später stand fest: Dieses Zählen war keine bloße Ablenkung beim Warten auf den Bus. Hinter ihm kristallisierte sich eine intensive und langatmige Zwangserkrankung heraus, die erst durch einen Besuch beim Kinder- und Jugendlichen-Psychotherapeuten ihren Namen bekam.

Mittlerweile hatte ich nicht nur gezählt, sondern auch damit begonnen, mir regelmäßig die Hände zu waschen. Nein, nicht wie jeder von uns, sondern mindestens 200 Mal täglich. Und das Kontrollieren: Beim Verlassen des Hauses die Tür auf- und wieder zuzuschließen. Dreißig, vierzig Male. Die Elektrogeräte ein- und auszuschalten. Die Fenster abzuklappen und wieder zu schließen.

So monoton, wie es klingen mag, war es auch. Die Zwangserkrankung ist in Wahrheit eine ziemlich langweilige Sache, die dem Betroffenen aber einen riesigen Leidensdruck mit sich bringt.

Denn ein pubertierender Junge, der mitten im Schulleben steht, er hätte eigentlich an anderen Dingen Freude gehabt, nicht aber an Zähl-, Wasch- oder Kontrollzwängen. Es ist diese Unmenge an Zeit, die verloren geht, der innere Druck, sich mit etwas beschäftigen zu müssen, das völlig unsinnig ist – doch man kann sich nicht dagegen wehren. Auch nicht gegen die zunehmenden Zwangsgedanken, die mich heimsuchten, mit aggressiven, sexuellen oder religiösen Inhalten. Immer wieder dieselben, abstoßenden Gedanken, aus dem Nichts kommen sie hervor – und sie manifestieren sich für Tage, Wochen, Monate. Ein Gedankenkarussell, das niemand zu stoppen scheint. In der Schule, da war ich weitgehend zwangsfrei. Doch außerhalb davon, da drehte sich mein Kopf, da waren meine Hände blutig vom Waschen.

Mit dem Wechsel zum Psychiater und der Einnahme meiner ersten Psychopharmaka reduzierte sich der Zwang glücklicherweise. Zwischenzeitlich hatten sich Depressionen breit gemacht, Angstzustände.

Und das in einem Moment, in dem wichtige Entscheidungen anstanden: Abitur, Studium und eine Rehabilitation von den seelischen Strapazen der vergangenen Jahre.

Eine Selbsthilfegruppe hatte ich alsbald gegründet, um mit Menschen ins Gespräch zu kommen, die ebenfalls betroffen waren.

Die auch Zweifel daran hatten, ob sie sich nach mehreren Stunden Duschen wirklich sauber fühlen konnten. Die immer und immer wieder den Gedanken mit sich herumtrugen, sich vielleicht mit HIV oder einer anderen Krankheit angesteckt zu haben. Die nicht mehr aus dem Haus gehen konnten, weil sie sich auch nach Stunden der Kontrolle nicht sicher waren, ob das Türschloss auch wirklich eingerastet war.

Zwänge machen einsam, das spürte auch ich. Umso stärker griff der Entschluss in meine Lebensführung ein, aus Gründen der psychischen Belastbarkeit ein Fernstudium zu wählen, das mich weiterbringen sollte.

Auch Jahre nach fortwährender Behandlung und Psychotherapie sind die Zwänge heute nicht gänzlich verschwunden, aber ich habe sie deutlich reduziert.

Dass ich „nur" noch 40 Mal pro Tag ans Waschbecken gehe, um die Hände einzuseifen, das ist für mich ein großer Erfolg, auch wenn meine Familie beim Einkaufen noch immer merkwürdig angesehen wird, wenn sie literweise Flüssigseife mit nach Hause schleppt.

Solch skurrile Momente, sie offenbaren sich mit einer Zwangserkrankung fast täglich.

Denn „normal" ist mit einem Zwang eigentlich gar nichts mehr.

Das ließ mich auch die Außenwelt spüren, die zunehmend auf Distanz ging. Abseits der Familie war der Rückhalt zu Schulzeiten besonders groß. Später waren es die Erwachsenen, die sich schwertaten, mit einem psychisch Kranken umzugehen.

Die Leidensgeschichte wurde zumeist verschwiegen, der wöchentliche Gang zum Therapeuten war ein Spießroutenlauf, nicht entdeckt zu werden.

Anfeindungen wie „Hey, du Psycho!" waren zwar selten, aber es gab sie. Daneben darf aber nicht die Hand voller Freunde vergessen werden, die vor und nach dem Zwang kräftig zu mir hielten.

Im Jahr 2018 mache ich besonders anderen Betroffenen Mut: Eine Zwangsstörung ist eine überaus langwierige Erkrankung, die die Lebensplanung komplett über den Haufen werfen kann.

Angehörige und das Umfeld können wichtige Begleiter sein, sollten aber nicht in eine Co-Abhängigkeit geraten, indem sie dem Betroffenen den Zwang „abzunehmen" versuchen. Geduld, Gelassenheit und ein bisschen Humor – das kann nicht schaden, muss aber oftmals erst erlernt werden, wie ich aus eigener Erfahrung weiß.

Dass ich mein Studium auch aus psychischen Gründen nicht erfolgreich beenden konnte, das ist für mich eine Unwägbarkeit, die ich dem Zwang zuschreibe. Dafür habe ich durch die tiefen Täler einer seelischen Erkrankung viel Sensibilität gewonnen. Ich fühle mich heute besser in die Situation Anderer ein als früher. Und ich genieße viel stärker diesen einzelnen Augenblick, in dem mich der Zwang einfach in Ruhe lässt...

38/183 – Wenn Zwänge den Rückzug antreten... (2016)

Kürzlich fragte mich ein Bekannter mitten im Gespräch: „Du, wie ist denn das jetzt mit deinen Zwängen, wenn man das knapp 20 Jahre lang hat?". Schlagartig wurde mir bewusst: Tatsächlich! Von 30 Lebensjahren habe ich nun bald zwei Drittel mit diesem ständigen Begleiter verbracht.

Ja, und wie steht es denn nun heute um ihn? Schlecht, würde ich sagen. Zumindest für ihn. Denn erst kürzlich hatte ich nach langer Zeit wieder einmal eine „Erhebung" vorgenommen.

Das Ergebnis: 38/183. Nein, glücklicherweise ist das nicht mein Blutdruck. Viel eher: „Nur" noch 38 Mal Händewaschen am Tag. Das ist schon fast „normal", stellte ich fest. Denn wenn man allein die Waschzwänge betrachten würde, könnte man glatt von einer Remission sprechen. Gleichsam gestehe ich mir auch ein:

Geheilt bin ich nicht, dafür wasche ich noch zu oft – und denke vor allem zu viel. Und außerdem glaube ich nicht unbedingt an „Heilungen".

Schon gar nicht bei einer chronifizierten Zwangserkrankung von nahezu zwei Jahrzehnten Existenz. Doch wenn ich meine Aufzeichnungen aus meiner früheren Therapie ansehe, eine Strichliste, die jeden Gang zum Waschbecken säuberlich und akkurat protokolliert hat, dann ist es doch beachtlich: 183 Mal tägliches Händewaschen in den Spitzen. Da kommt tatsächlich ein wenig Stolz auf, wenn ich heute dem Seifenspender immer öfter einfach mal fernbleiben kann.

Aber warum schreibe ich das? Ganz einfach: Um Ihnen Mut zu machen! Denn blicke ich nur einige Jahre zurück, wäre es für mich undenkbar gewesen: Ein Leben gemeinsam mit dem Zwang! Nein, ich mag ihn heute immer noch nicht. Aber wenigstens bin ich mittlerweile wieder selbst der Herr im Hause.

Ich kontrolliere weiterhin, ich sortiere und ordne, ich rücke Dinge wieder an ihren ursprünglichen Platz zurück, wenn sie verschoben sind. Und doch gibt es einen wesentlichen Unterschied zu den Phasen, in denen ich mir ausgeliefert, hilflos und als Spielball dieser Krankheit vorkam: Heute bestimme ich die Regeln! Das bedeutet, dass ich durch den Einsatz von erlernten Techniken das Waschen ausbremsen, den Gedankenspiralen ihren Schuld auslösenden und damit vereinnahmenden Charakter nehmen und bei manchem Perfektionismus über mich selbst lachen kann. Eine tragende Lebenseinstellung hat sich in mir verinnerlicht, die dem Zweifel sein Schaudern nimmt: Gelassenheit. Denn sobald dem Zwang seine größte Macht genommen wird – nämlich die Angst, die er mir einflößen will –, verliert er seine Bedeutung in meinem Alltag.

Oft wurde ich in letzter Zeit von Medien, aber auch von Betroffenen und Angehörigen gefragt: „Wie macht man das, dass es besser wird mit diesen Zwängen?".

Hier gilt, wie in aller Literatur zu finden, die Trias aus Psychotherapie, Medikation und Arbeit an sich selbst.

Wahrscheinlich ist der letzte Punkt darunter der schwierigste, fordert er doch Disziplin und Durchhaltevermögen, die zwar generell zur Persönlichkeit eines Zwangserkrankten passen, zumeist aber von der puren Überforderung durch die Symptomatik überdeckt sind.

Und wer mich kennt, der weiß, dass ich wenig davon halte, mein „Zwangsverhalten" einfach „abzutrainieren".

Viel eher bin ich – heute mehr denn je – überzeugt, dass Zwänge eine Funktion haben.

Und aus meiner therapeutischen Erfahrung offenbarte sich mir die Erkenntnis, dass es für einen langfristigen Erfolg wichtiger ist, die Wurzel des Übels zu packen – anstatt sich allein mit einem expositorischen Ansatz zurückzulehnen.

Zweifelsohne ist das Herausarbeiten von Gründen, weshalb sich Zwänge in meinem Leben breit gemacht haben, eine weitaus schwierigere Aufgabe, für die es viel Offenheit und gleichsam Bereitschaft bedarf, sich einem Therapeuten anzuvertrauen – und den Willen, im Zweifel am Lebensstil, an Überzeugungen und Normen, an Traditionen und Bewährtem rütteln zu müssen.
Denn oftmals sind es Faktoren von außen, die neben der häufigen Notwendigkeit einer langwierigen Pharmakotherapie zur Behandlung der biochemischen Fehlsteuerung beachtet werden müssen.

Man weiß um die enge Korrelation zwischen Zwangserkrankungen und Stress. Und auch darum, dass Schuldgefühle die zweifelnden und gleichsam zweifelhaften Zwangsgedanken dominieren.

Aber woher kommt dieser Umstand? Für mich persönlich offenbarte er sich durch einen Satz in der Psychotherapie, der mir so leicht über die Lippen gekommen war: „Ich bin nur etwas wert, wenn ich etwas leiste".

Das Weltbild vom Menschsein, der lediglich dann Würde verdient hat, wenn er sich selbst um die Welt verdient macht.

Nicht selten sind es Sprachmuster, die uns bereits in der Kindheit eingetrichtert wurden, die zu solch einer Ideologie führen.

Oder aber traumatische Erfahrungen aus der Vergangenheit, die nicht aufgearbeitet wurden. Beides konnte ich in meiner Analyse nicht finden.

Dafür einen anderen Hinweis: Einen Zwang verstehe ich als den Widerspruch zu Freiheit. Und an letzterer fehlte es mir.

Nein, gezwungen wurde ich in der Kindheit gleichsam zu nichts, aber behütet, „überbehütet". Es war das Wohlwollen meiner Eltern, die es immer gut meinten, damit mir als Frühgeborenem auch ja kein Leid zustoßen möge. Was aus ihrer Sicht nur das Beste war, verschloss eine selbstständige Entwicklung meiner Persönlichkeit.

Nicht der Vorwurf an meine Eltern, sondern die klare Absicht, mich heute Stück für Stück aus diesem schützenden Nest freizuschaufeln, indem ich mir mehr und mehr zutraue, selbst entscheide und wieder eigene Verantwortung übernehme, war ein entscheidender Faktor für meinen Fortschritt.

Und natürlich sind Zwänge auch ein ganz immenser Ausdruck von Gefühlen – besser: von unterdrückten Gefühlen. Wer Zwänge hat, muss sich um Emotionen nicht kümmern. Denn es besteht kaum Zeit dafür, sich mit ihnen zu befassen. Und das ist sicherlich von unserer Seele auch so gewollt.

Immerhin lässt der Mensch gerade schmerzhafte Gefühle, Wut, Trauer und Enttäuschung nur ungern zu, obwohl sie elementar wichtig und vollends natürlich sind. Aber sich mit ihnen zu beschäftigen ist schwierig und wir werden dadurch verwundbar. Deshalb braucht es Hilfe, um versteckte Empfindungen in geschütztem Rahmen zu formulieren, sie auszusprechen.

Sind sie nämlich erst einmal benannt, werden sie als Nahrung für den Zwang unattraktiv. Wie überrascht war ich darüber, welch Aggression in mir steckt.

Ein ganzer Haufen an Emotionen hatte sich über Jahre hin angesammelt, von dem sich die Krankheit immer wieder neue Energie nahm.

Heute mache ich das regelmäßig mit dem Äußern: Ich schreibe die Gefühle auf, ich krame nach ihnen, wenn ich merke, der Zwang macht sich wieder an ihnen zu schaffen. Und werde ich nicht fündig, so unterstützt das therapeutische Setting, das unbestechlich jedes Wespennest auftut, was sich in meinen Tiefen verborgen hält.

Und dort findet sich beispielsweise auch diese selbstgeißelnde Sichtweise, die mich in meinen Zwangsgedanken und Phantasien zu diesem gewaltsamen, sexuell zweischneidigen Menschen werden lassen, der mit der Realität so gar nichts gemein hat.

Und doch muss ich meiner Zweifelskrankheit ein Stück weit dankbar sein, mit ihrer gnadenlosen – und manches Mal übertriebenen – Art auf mich eingewirkt zu haben, endlich zu erkennen: Lass deine Empfindungen zu, öffne den Deckel!

Doch was schließe ich letztendlich aus diesen Einsichten, wenn ich sie gewonnen habe? Selbstannahme war für mich ein wesentliches Stichwort.

Beweisen muss ich mir heute nichts mehr, denn durch intensive Gespräche konnte ich meine eigene Wertvorstellung neu formulieren, die mir sagt, dass meine Existenz bedingungslos ist.

Sie ist nicht abhängig davon, was ich erreichen werde. Damit verbunden ist auch, dass ich das Wörtchen „muss" so oft wie möglich aus meinem Wortschatz verbanne. Ich entscheide allein, was zu tun ist, was ich für wen leiste. Und ich nehme mir das Recht heraus, „Nein" zusagen, was eines eigenen Trainings bedurfte.

Wie wohltuend ist es dann, die Entschleunigung zu spüren und zu erkennen, dass sich das Dasein nicht durch Ansehen, Ehre und Geld allein, sondern vor allem auch durch Genussfähigkeit im Hier und Jetzt auszeichnet. Das Wahrnehmen meines Körpers und meiner seelischen und geistigen Bedürfnisse lenkt meine Konzentration heute weg von den vermeintlich schmutzigen und durch Viren verseuchten Händen, die es zu waschen gilt.

Und der Druck, der sich mithilfe von Entspannungs- und „Anti-Stress"-Maßnahmen, aber auch durch den Abbau von beständiger Dynamik im Tagesablauf reduzieren ließ, macht Platz für Ablenkung, die erfüllend sein kann.

Nicht die Hektik bestimmt den Augenblick, Achtsamkeit verhindert dagegen meine Ungenauigkeit, der ich stets so penetrant zu begegnen versuchte. Und schlussendlich bietet sich dem Zweifel durch ein „Es darf auch mal schräg werden" kein Ansatzpunkt mehr.

Zusammenfassung bleibt die Feststellung, dass neben all diesen Maßnahmen ein ganz erheblicher Teil des Erfolges auf einen Therapeuten und Psychiater zurückzuführen ist, der seit Beginn an meiner Seite steht. Wie wichtig das Vertrauen in behandelnde Bezugsperson ist, stelle ich jedes Mal neu fest, wenn mir in der Selbsthilfearbeit von Erfahrungen der Betroffenen berichtet wird.

Es ist heute noch immer überaus schwierig, das passende „Gegenüber" zu finden, das einerseits menschlich, aber auch fachlich auf den zwangserkrankten Patienten eingehen kann. Deshalb rate ich immer wieder dazu, sich bereits im Vorfeld einige Dinge klar zu machen. Es ist ganz selbstverständlich, dass der eine Hilfesuchende besser mit einem männlichen Psychotherapeuten, der andere mit einem weiblichen auskommt.

Auch das Alter spielt nicht selten eine Rolle. Und natürlich wird man sich bei der ohnehin oft angespannten Lage auf dem „Markt" der freien Therapieplätze nur bedingt etwas „aussuchen" können.

Die neu geschaffenen gesetzlichen Ansprüche bieten aber Möglichkeiten, auch übergangsweise an Unterstützung zu gelangen. Wie bei mir, so rege ich an, möglichst früh zu handeln und sich auf die Suche nach versierter Begleitung zu machen. Ein guter Psychiater ist es letztlich auch, der Sorgen vor Medikamenten nehmen und die Vor- und Nachteile der Einnahme sinnvoll abwägen kann.

Ohne ein Psychopharmakum wäre ich heute nicht dort, wo ich stehe – es ermöglicht nicht selten erst den Einstieg in eine vernünftige Therapie. Und nicht zuletzt: Das Wissen darum, dass viele Menschen in meiner Umgebung auch waschen, zählen, kontrollieren und grübeln, ermutigt mich bis heute, gemeinsam nach Lösungen zu suchen. In diesem Sinne, melden Sie sich gern!

Die Zwänge feiern Geburtstag… (2017)

Zunächst hatte ich mir vorgenommen, eine Torte zu backen. Mit 20 Kerzen. Immerhin wollte ich meinem Mitbewohner ja eine Freude zu seinem Ehrentag machen. Vor 20 Jahren – zum ersten Mal „Zählen". Damals hatte ich noch nicht gedacht, dass ich dauerhaften Besuch bekommen würde. Einen eigentlich vollkommen unerwünschten Gast in meinen vier Wänden. Nein, so kann man das nicht sagen, denn auch mein Kopf ist glücklicherweise eher rund statt eckig. Doch das ist egal, eingenistet hat er sich trotzdem. Und das nun seit zwei Jahrzehnten. Der Zwang hat Geburtstag. Doch soll ich da wirklich mitfeiern?

Nein, ein Grund zur Freude ist es wahrlich nicht. Denn würde ich allein die Stunden zusammenrechnen, ich käme wohl auf rund 50 000, in welchen mich der Zwang mittlerweile gefordert hat. Anfangs schien es ja nur wie ein Tic, da hätte es auch sein können, dass nach Ende meiner Pubertät alles wieder vorbei ist.

Aber spätestens, als ich erstmalig berichten konnte, 35 000 Pflastersteine auf dem Boden gezählt zu haben, wurde schon deutlich, dass das wohl nichts werden würde mit einem raschen Ende. Ja, man merkt, ich habe es auch heute noch mit den Zahlen. Kein Wunder, denn irgendwann hatte ich meine eigene Technik entwickelt: Länge mal Breite sozusagen – und schon war ermittelt, wie viele Betonklötze den größten Platz in Konstanz zierten.

Ich hatte überlegt, ob ich meinem Zwang ein Geschenk machen sollte, zu seinem Geburtstag. Vielleicht ein paar Flaschen Flüssigseife. Wie viele Liter ich wohl verbraucht haben mag in diesen zwanzig Jahren? Wie viel Wasser durch meine Hähne geflossen ist – nur, weil ich mir selbst nicht vertraut habe, dass die Hände spätestens nach dem ersten gründlichen Waschen auch wirklich sauber gewesen sind. Hätten mich alle Keime und Viren befallen, die ich mir in dieser Zeit vorgestellt hatte, ich wäre bereits nach einigen Wochen tot gewesen.

Aber ich lebe noch, was wiederum ein Beweis dafür ist: Zwänge sind die Reaktion auf übertriebene Furcht, auf Zweifel an der eigentlichen Gewissheit, die jeder um mich herum erkennt – nur ich eben nicht.

Ich gebe es zu: Ich bin kein Anhänger der expositorischen Verhaltenstherapie. Aber das nur aus ganz persönlichen Erfahrungswerten. Viel eher habe ich in 20 Jahren der Zwänge eher nachgefragt, was dahinterstecken könnte, abseits von biochemischen Vorgängen im Gehirn, die ich glücklicherweise mit einer seit Beginn rund ein Dutzend Mal gewechselten Zusammenstellung an Präparaten gut beeinflusst habe und feststellen kann, dass ich ohne Arzneimittel heute nicht dort stehen würde, wo ich mit ein bisschen Stolz auch bin.

Die Funktion des Zwangs, seinen Sinn zu erkennen, das war Aufgabe in den verschiedenen Therapieformen – von kognitiver Verhaltens- bis zu tiefenpsychologischer Psychotherapie.

Und ich bin fündig geworden: Das Thema „Freiheit" zieht sich durch meine eigene Geschichte. Das Selbstvertrauen – und das jener, die um mich sind. Erwachsen zu werden, Verantwortung zu übernehmen, eigens entscheiden zu dürfen.

Hatte ich in den Spitzen der Zwangserkrankung etwa 20 Stunden täglich mit ihr verbracht, so sind es heute höchstens vier. Das Kontrollieren hat sich auf ein Mindestmaß an Skepsis reduziert, das Sortieren auch.

Zufrieden bin ich auch heute noch nicht, wenn etwas verrückt wird, was ich ursprünglich völlig anders angeordnet hatte.

Und vor allem die Zwangsgedanken – sie sind weiterhin ein ständiger Begleiter und haben mich gar in manch psychotisch anmutende Situation manövriert. Die Vorstellung von Aggression in meinem Kopf stimmt so gar nicht mit dem überein, was man mir als Charaktereigenschaft nachsagt.

Und deshalb sind sie auch so besonders schlimm, waren sie es, die den Leidensdruck teilweise in ein Unermessliches getrieben haben – bis dorthin, dass ich wirklich glaubte, den Zwang mit dem Donnern meines Kopfes an die Wand ausschlagen zu können.

Wenn Gedanken kreisen, immer und immer wieder aufs Neue, dieselben Fragen ständig ins Gedächtnis rufen, ob es denn nun wirklich sein kann, was diese „Tagträume" in meinem Gehirn abspulen, dann zehrt das an Psyche und Physis. Und da kamen selbst die Therapeuten an ihre Grenzen, denn wenngleich mit mancher Übung eine kurzzeitige Besserung erzielt werden konnte, suchten sich die Zwänge kurz darauf ein anderes Thema, mit dem sie mich neu quälen konnten. „Wie haben Sie es geschafft, auf das Niveau eines Fünftels zu kommen, was ihre Zwänge angeht?", fragte mich ein Experte vor kurzem. Eine einfache Antwort gibt es darauf nicht. Und schon gar keine, die sich übertragen lassen würde auf andere Betroffene.

Aber natürlich bin auch ich in der Selbsthilfearbeit gefordert, Hinweise zu geben aus meinen Erkenntnissen, die ich über die Jahre hinweg gesammelt habe. Und einen Tipp kann ich dabei nur weitergeben: „Gelassenheit".

„Der hat gut reden", werden jetzt Viele sagen. Und das hätte ich auch. Noch vor ein paar Jahren hätte ich jeden ausgelacht, der mit solch einem einfachen Ratschlag zu mir gekommen wäre. Dabei ist es nicht leicht, mit etwas mehr Abstand auf die Zwänge zu blicken. Das ist nur möglich, wenn man den Zwang verstehen kann. Nein, wir müssen nicht Freunde werden.

Aber ein erster Schritt war das Ernstnehmen des Zwangs als einen Warnenden. Er hat mir etwas zu sagen, ist ein Botschafter der eigenen Seele, der mir seinen Spiegel allerdings reichlich schräg vorgehalten hat. Nicht das Kämpfen gegen den Zwang, sondern der Versuch, ihn mit Respekt zu behandeln, auch wenn man manches Mal nur losschreien möchte.

Ich bin heute überzeugt, dass die Zwänge nicht umsonst sind, sie strafen allerdings in einer Härte, die nicht angemessen ist.

Es würde ausreichen, wenn sie uns wachrütteln. Die Ursachen, zumindest die psychischen, haben wir nämlich manches Mal selbst verschuldet.

Oder sie wurden bereits in Kindheit und Erziehung gelegt – und nun müssen wir die Konsequenzen ausbaden. Nein, gerecht ist der Zwang nicht.

Aber grundsätzlich halte ich ihn für notwendig, gar für ein bisschen sinnvoll, um uns aufzuzeigen, was wir an unserem Leben ändern müssen. Ich habe genug gefunden, was neu auszurichten ist.

Mein Stressmanagement muss ich ändern, meine Perfektion ablegen, mich selbst annehmen mit meinen Schwächen und mit meinen Stärken, die für mich kennzeichnend sind und mir Wertschätzung abverlangen sollten.

Denn sind es nicht meistens die, die alles richtig machen wollen, die sich mit vollem Einsatz hingeben für Andere, die ein spezielles Risiko haben, in das Hamsterrad zu kommen?

A propos: Für jeden bin ich da gewesen, aber für mich? „Ja" gesagt habe ich dauernd, weil ich meinte, die Welt retten zu müssen – zumindest die kleine, die um mich herum immer wieder nach mir rief. So dachte ich es zumindest. Und ich kann es auch niemandem übelnehmen, der meine Hilfsbereitschaft (aus-)nutzte, war ich es doch, der sich beinahe in die Selbstaufgabe trieb, weil er irgendwie davon ausgegangen war, der Einzige zu sein, der all die Herausforderungen seiner Zeit meistern konnte – und gleichzeitig überzeugt gewesen ist, zu nicht mehr geboren worden zu sein, als die Probleme zu bewältigen, die zu lösen sonst niemand Lust hatte. Zwischen Narzissmus und Minderwertigkeit, Zwänge treiben uns emotional in eine Ambivalenz, die mitverantwortlich ist für ihre Dramatik.

Und heute? Ich bin ausgeglichener, weil ich mich nicht mehr so wichtig nehme. Weil ich aber auch erkannt habe, dass nichts von meinen Befürchtungen jemals eingetreten ist, die meine Zwänge mir weiß zu machen versuchten. Ich bin nicht frei von ihnen. Und ich weiß auch nicht, ob ich das jemals sein werde.

Aber tatsächlich fühle ich mich mittlerweile wie in einer gut situierten Studenten-WG, in der es manches Mal drunter und drüber geht, in der man sich aber auch hin und wieder daran erinnert, dass noch Nachholbedarf besteht an der Arbeit an sich selbst. Ein Stück Kuchen habe ich mir zum Geburtstag doch noch gegönnt. Der Zwang bekam davon allerdings nichts ab. Vielleicht ist das der größte Erfolg nach 20 Jahren…

Gratwanderung: Zwischen Zwängen und Psychose... (2018)

Zwänge sind unnötig und überflüssig. Sie sind unsinnig und übertrieben. Sie entsprechen nicht meinem Charakter, meinem Naturell, sie kommen von außen, sie sind nicht meins. So – oder so ähnlich – klang das bei mir über Jahre hinweg. Besonders meine Zwangshandlungen waren mir stets fremd, ich konnte überhaupt nicht verstehen, weshalb ich über Stunden meine Hände wieder und wieder waschen musste, weshalb ich Fenster und Türen so oft wie möglich nachkontrollierte, obwohl sie doch bereits geschlossen waren. Der Zweifel stand im Mittelpunkt allen Geschehens – so war es auch bei meinen Zwangsgedanken. Ich wies von mir, dass die Inhalte, die da in meinem Kopf kreisten, nur irgendetwas mit meiner Person zu tun haben sollten. Der Gedanke, anderen Menschen etwas antun zu können, er war genauso absurd wie die Befürchtung, ich könnte mich bei der ärztlichen Blutabnahme mit HIV angesteckt haben.

Und doch traten die Überlegungen immer wieder ins Gedächtnis hervor, sie ließen mich nicht los, sie waren dauerpräsent, obwohl ich ihnen eigentlich keine Beachtung schenken wollte.

Doch mit der Zeit, da wandelte sich der Gedankeninhalt. War ich in meinen Zwangsgedanken meist der „Aktive", der sich davor ängstigte, seinen Mitmenschen Leid oder Unrecht antun zu können, so erlebte ich zusehends eine Drehung in der Gedankenspirale. Plötzlich wurde ich derjenige, der sich beklemmt fühlte, weil ihm scheinbare Bedrohung zuteilwurde: Da fokussierte sich viel um den Gedanken, ich könnte verfolgt werden, von Polizei, Geheimdiensten, Räubern und Gewalttätern.

Da sorgte ich mich plötzlich darum, beobachtet zu werden, ob im eigenen Haus, beim Gang auf die Straße oder nachts im Bett. Ich mutmaßte, mein Handy könnte abgehört, in meiner Wohnung Wanzen versteckt sein.

Und beim Gang durch die Fußgängerzone, da war ich überzeugt, alle Blicke richteten sich auf mich. Ich zog sie förmlich an. Und auf einmal schien ich in meiner eigenen Welt plötzlich zum Zentrum allen Seins geworden, war nicht mehr ich der „Täter", sondern das „Opfer". Und irgendwie fühlte es sich zunächst nicht anders an als bei den klassischen Zwangsgedanken zuvor. Trotzdem offenbarte ich mich mit meinen Mutmaßungen über eine neue Symptomatik denen, die mich behandelten. Und es schien richtig.

Denn Ärzte und Therapeuten waren sich anfangs nicht mehr sicher. Grübelzwang – oder doch ein Wahn? In Wirklichkeit hatte sich nämlich tatsächlich etwas getan. Die Gedanken schienen mir nicht mehr fremd zu sein, nicht mehr unnütz. Sie waren nicht länger „ich-dyston", wie der Fachmann es bezeichnen würde. Sie waren mir also nicht fern, sondern viel eher war ich von ihrer Richtigkeit überzeugt. Ich sah sie als Teil von mir an, war mir sicher, dass sie zu mir dazugehörten.

Dort, wo man mich früher in der kognitiven Verhaltenstherapie noch mit konsequenten Argumenten erreichen konnte, da wies ich plötzlich alle Intervention von außen zurück. Nicht ich war der Kranke, sondern ich wunderte mich viel eher darüber, wie naiv doch meine Umwelt sein konnte.

Entscheidend war auch die „Wahngewissheit", in einigen Augenblicken klaren Denkens wurde mir zwar deutlich, dass meine Überzeugungen möglicherweise völlig aus der Luft gegriffen waren. In der Mehrzahl der Stunden hielt ich aber an meiner eigenen Logik fest, die wiederum besagte: Das, was ich denke, ist wahr.

Im großen Unterschied zur Zwangsstörung fiel das Moment des Zweifelns weg. Die Psychose, die sich nach Einschätzung der Experten ausgebildet hatte, die teils paranoid anmutenden Inhalte meines Phantasierens, sie waren zwar nicht konsistent, aber sie durchzogen meinen Alltag regelmäßig.

Mit den Zwängen war der Wahnerkrankung gemein, dass das Kontrollieren, das sich Absichern nicht nachließ. Im Gegenteil. Meine Wohnung durchsuchte ich auch weiterhin. Nach Abhörgeräten oder versteckten Videokameras.

Und als ob ich nicht bereits früher ähnliche Verhaltensweisen an den Tag legte, so empfand ich all dieses anstrengende Handeln nicht mehr als unnötig, viel eher sogar als zwingend, denn für mein Empfinden stand die Richtigkeit meiner Gedanken auf einmal fest.

Ob nun Zwänge oder Psychose – in der Behandlung machte es zwar einen Unterschied, für mich war der Leidensdruck aber kaum unterschiedlich. Eklatant auffällig blieb bei allem Wandel im Grenzbereich zwischen beiden Krankheitsbildern das Aufkommen optischer Halluzinationen. Eher untypisch und nach Meinung der behandelnden Mediziner ein Hinweis auf eine organische Ursache.

Die Zwänge bin ich trotz alledem nicht losgeworden, auch wenn ich durch Psychotherapie, Medikation, Selbsthilfe und vor allem aus eigenem Antrieb heraus, mich mit den Ursachen meiner Zwangserkrankung auseinanderzusetzen und mein Leben entsprechend zu verändern, deutliche Linderung erfahren habe. Die Funktion meines Zwangs zu hinterfragen, es war wahrliche Arbeit. Und viele der Beweggründe, warum ich den wiederkehrenden, monotonen Gedanken und Handlungen verfallen war, leuchten mir auch als Stellschraube für das psychotische Denken ein.

Selbst wenn ich in Phasen des wahnhaften Grübelns zunächst einmal von gar nichts zu überzeugen bin, so bleibe ich dankbar für die Momente, in denen ich mich auch mit dieser psychiatrisch höchst spannenden Erkrankung befassen kann. Zwänge und Psychose, ihre Trennlinien sind scharf – und manches Mal eben doch nicht. Angst bereitet mir das glücklicherweise kaum.

Viel eher betrachte ich die Symptome als verschiedene Seiten meiner einen Persönlichkeit. Ob ich nun ein „Zwängler" oder ein „Psychotiker" bin, es mag die interessieren, die mich von außen sehen. An der eigenen Wertschätzung meines Selbst haben beide Erkrankungen bislang erfolglos gekratzt. Und darüber bin ich froh!

Zwischen der Syntonie und Dystonie des Ichs (2021)

Mittlerweile lebe ich seit knapp 23 Jahren mit Zwängen. 20 Jahre davon verbringe ich neben Zwangshandlungen vor allem mit Zwangsgedanken in meinem Alltag. Und da macht man sich nicht zum ersten Mal die Mühe, deren Herkunft, Funktionalität und aufrechterhaltenden Beweggründe zu hinterfragen.

Wenngleich ich weiß, dass ich weniger dem behavioralen Ansatz zuträglich bin, sondern viel eher psychodynamisch-tiefenpsychologische Erklärungsmuster für meine Zwangserkrankung heranziehe, hat mich letztlich besonders die kognitive Verhaltenstherapie geprägt. Schlussendlich haben die Zwangsvorstellungen nämlich nur eine handfeste Möglichkeit, uns mit ihrer Pein zu gängeln: Der Zweifel daran, ob unsere Gedankenwelt Wirklichkeit werden könnte, versetzt uns in ständige Anspannung.

Letztendlich ist es die zumindest temporär fehlende Unterscheidungskraft zwischen Fiktion und Faktizität, die dem Zwang die Existenz garantiert.

Doch was macht Zwänge für uns eigentlich derart qualvoll, warum bereiten sie uns einen so großen Leidensdruck? Unbestritten: In einem klaren Moment und mit viel Abstand würden wir sofort attestieren, dass all die aggressiven, sexuellen oder rituellen Themen, die andauernd in unserem Gehirn kreisen, mit den Tatsächlichkeiten im Hier und Jetzt so gar nichts zu tun haben. Aber was passiert, wenn wir in die Endlosschleife geraten, unsere Überzeugungskraft und unser Vertrauen in uns selbst und in unseren Verstand zu schwinden beginnt? Warum schaffen wir es dann nicht, Herr über unsere Sinne zu bleiben? Die Antwort scheint erst einmal banal zu sein: Die von der Krankheit implantierte Skepsis übernimmt in den Phasen der Zwangserfahrung die Oberhand über das Geschehen in unseren Synapsen – dafür gibt es biochemische wie psychologische Ursachen.

Möglicherweise hilft uns manch eine Theorie dabei, dies anzunehmen und zu verstehen:

Nachdem Zwangsgedanken einerseits klar ich-synton sind, wir also durchaus erkennen, dass sie zu uns gehören und uns im Gegensatz zu psychotischem Erleben nicht als von außen aufgetragen erscheinen, identifizieren wir uns zunächst fraglos mit ihnen.

Da sie aber andererseits stets ich-dystone Inhalte vermitteln, die unserem gesamten Persönlichkeitsbild zuwiderlaufen, sind sie für uns so schwer zu begreifen und führen zu einer enormen Erschrockenheit und nahezu zerreißenden Belastung, dass wir lediglich im neutralisierenden Verhalten eine Lösung für die Erregung sehen.

Zumeist sind es also wiederum zwanghafte Handlungen in Form von Rückversicherungen und Überprüfungen, ob an dem für uns unglaublich daherkommenden Sujet in unserem Kopf etwas Ernsthaftes „dran sein könnte".

Es ist für Außenstehende kaum vermittelbar, welche Fassungslosigkeit über unser eigenes Ego in uns hochkommt, weil die Materie unserer Gedanken all dem, was wir von uns gewohnt sind, so derart diametral entgegensteht.

Schon allein die Erfahrung zeigt deutlich: Zwangserkrankte Menschen sind keine bösen Wesen, ganz im Gegenteil.

Stattdessen sind sie von einer besonderen Friedliebigkeit gezeichnet, deren Ausmaß im psychotherapeutischen Sinn bereits wieder hellhörig machen sollte – was nicht zuletzt erklärt, warum auch psychoanalytische Überlegungen nach meinem Dafürhalten in der Aufarbeitung einer Zwangserkrankung nicht zu kurz kommen sollten.

Dennoch bleibt unter Experten die verhaltenstherapeutische Behandlung Mittel der ersten Wahl, wobei gerade bei Zwangsgedanken auch eine kognitive Intervention für mein Verständnis am vielversprechendsten sein dürfte.

Schlussendlich ist es nämlich deren Ziel, die Erkenntnis im Betroffenen zu schaffen, wonach es sich bei Zwangsgedanken um zerebrale Trugbilder handelt, die einer Neueinordnung bedürfen.

Dieses Einsehen scheint nur denkbar, wenn wir uns im Verständnis der Psychoedukation darauf einlassen, uns ihrer seelenkundlichen wie organischen Herkunft bewusst zu werden.

Wenn wir es schaffen, die Verknüpfungen zwischen Vision und Angst zu durchbrechen, indem wir die Erkenntnis verinnerlichen, wonach Zwänge durch die unterschiedlichsten Auslöser phantasiereiche Zeichnungen in unser Gehirn malen. Damit wird der unhaltbare und von unserer Sorge initiierte Realitätsbezug unserer Gedanken in seiner Glaubwürdigkeit endgültig erschüttert – und die Einfälle verlieren ihre furchteinflößende Wirkung und lösen sich mangels eines Nährbodens in Luft auf.

Doch wie schwer es ist, solch bestehende Konnektivitäten im Gedächtnis voneinander zu lösen und neue Verknüpfungen zwischen den mentalen Ideen und unbelasteten Konnotationen zu schaffen, dürften Angehörige von Patienten bestens zu berichten wissen.

Deren oftmalige Ungeduld mit ihrem erkrankten Nächsten gründet sich auf dem rationalen Unverständnis eines Nicht-Betroffenen, wonach der Zwangserkrankte die neu gewonnene Einsichtsfähigkeit nicht speichern kann – und bei jeder Gelegenheit in seine alten Vernetzungsmuster zurückfällt.

Durch den permanenten Habituierungsprozess, der den Zwängen als lernpsychologische Grundlage das Überleben sichert, leiern unsere Hirnwindungen aus – wodurch es uns versagt ist, immer wieder aktuelle und logische Einzelfallbewertungen vorzunehmen.

Die Kunst und Gunst der Stunde muss deshalb lauten, jegliche Versuche zu unternehmen, den „Zwängler" auf das Auseinanderklaffen zwischen der Syntonie des Seins und der Dystonie im Denken hinzuweisen und ihn entsprechend entdecken zu lassen, dass seine Charaktereigenschaften nicht mit den zweifelhaften Überlegungen in seinem Schädel korrespondieren.

Die falsche Verkabelung der Neuronen lässt sich zumeist nur mit einem Reset eingefahrener Denkstrukturen und einer völligen Neuprogrammierung der eigenen Festplatte rückgängig machen. Und während beim Computer dafür oftmals nur ein Knopfdruck oder Mausklick notwendig ist, bedarf es beim Menschen eines meist Jahre andauernden und für die Betroffenen sowie ihre Familien fast unzumutbaren Verfahrens der Eigenreflexion, in dem vor allem das Wiedererlangen von kritischer Achtsamkeit und geerdeter Wahrnehmung im Mittelpunkt steht.

Dass dabei auch eine intensive Selbstbeobachtung helfen kann, um abschließend wieder zu frischer Souveränität über das persönliche Individuum zu gelangen, sollte keine Randnotiz bleiben.

Zusammenfassend möchte ich nämlich Mut machen: Wenngleich Zwangsgedanken zu einem langwierigen Begleiter werden können, sind wir ihnen nicht ohnmächtig ausgeliefert…

Bibliografische Information der Deutschen Nationalbibliothek: Die Deutsche Nationalbibliothek verzeichnet diese Publikation in der Deutschen Nationalbibliografie; detaillierte bibliografische Daten sind im Internet über dnb.dnb.de abrufbar.

Neuauflage
© 2023 Dennis Riehle

Herstellung und Verlag:
BoD – Books on Demand, Norderstedt

ISBN: 978-3-7386-5373-1